MENTON

ET SES ENVIRONS

par un

TOURISTE ANGLAIS

ACCOMPAGNÉ

du Panorama des Montagnes

de

M. MOGGRIDGE F. G S.

PARIS

LIBRAIRIE NOUVELLE

AVANT-PROPOS.

La brochure que nous publions ne peut qu'être bien accueillie des Mentonnais et de notre nombreuse colonie étrangère. Les premiers nous rendront cette justice qu'elle est l'expression sincère de la vérité à l'égard d'un pays, qui mérite certainement la réputation dont il jouit pour la douceur et la pureté de son ciel; en lisant les pages qui suivent, les autres apprendront à connaître et par conséquent à aimer une contrée douée de mille attraits, et qui mérite assurément d'être distinguée parmi les stations hivernales de notre littoral.

SOUVENIR DE MENTON

PAR

MM. BEFFERS et URBEITS

Membres de plusieurs académies

SOMMAIRE DE L'OUVRAGE

1. Magnifique vue générale de Menton, par un célèbre peintre italien.
2. Notices historiques sur Menton.
3. Notices sur le climat, tirées de l'ouvrage *Nice et son climat* du Dr E. Lée.
4. Menton, Essai climatologique sur ses différentes régions par le Dr Farina.
5. Menton et son climat par le Dr Bottini.
6. MM. Th. Gaudin et Moggridge, *Notes géologiques*.
7. Métivier, *Monaco et ses princes*.
8. Des stations d'hiver par le Dr Bonnet de Malherbes.
9. Renseignements sur Nice.
10. Dernière liste des étrangers à Menton.
11. Tableau des monnaies étrangères.
12. Menton portefeuille.

Remède contre les maladies de poitrine au deuxième degré.

Prix de l'ouvrage 1 fr. 50 au lieu de 3 fr.

MENTON
LIBRAIRIE GIORDAN

MENTON

ET SES ENVIRONS

La prospérité présente de Menton n'est qu'un premier pas heureux vers des destinées riches des promesses les plus attrayantes.

Ces promesses ne seront pas de chimériques et trompeuses illusions. Tout concourt, au contraire, à nous assurer que notre petit coin de terre, où la fécondité du sol n'a de comparable que l'active et pénétrante intelligence de ses habitants, subira graduellement une complète transformation matérielle qui tournera à l'avantage de l'indigène et de l'étranger.

La voie est ouverte; il ne nous reste plus qu'à la suivre sans nous soucier des appréciations mensongères qu'une feuille d'Outre-Rhin voudrait faire prévaloir. Sous le souffle rajeunissant des idées de progrès, qui sont, en quelque sorte, aujourd'hui, la théorie de tous les peuples de l'ancien et du nouveau monde, les centres de population grands et petits s'embellissent et se régénèrent.

Menton, nous en sommes pleinement convaincu, voudra lui aussi, contribuer pour sa part à cette œuvre de prospérité générale. Mais que manque-t-il encore à notre chère petite ville pour que sa louable ambition soit satisfaite ? Voyez de tous côtés les coquettes et confortables villas qui s'élèvent à l'envi.

Ses rues élégantes, ses places si régulières sont incessamment le centre d'une active circulation, signe évident du bien être et des féconds labeurs de ses habitants.

Depuis quelques mois, une usine à gaz fonctionne régulièrement, et cette amélioration, entre toutes, est de celles qui répondent à un des plus pressants besoins de la population, plus considérable, sans contredit, que ne le feraient croire les dernières statistiques. Encore un peu et ne pourrons-nous pas espérer des promenades intérieures appropriées aux besoins des malades et des valétudinaires si fidèles à notre bienfaisant climat?

Que l'administration locale dispense ses largesses aussi bien en faveur de l'un que de l'autre quartier, principalement occupés par la colonie étrangère. Ce qui a été fait cette année à Garavan, pourquoi ne le ferait-on pas bientôt entre les deux torrents de Carrei et de Boirigo?

La promenade du midi, continuée jusqu'à l'ancien château de Carnolès, est un complément indispensable et vivement désiré aux embellissements qui s'étudient et se préparent. Pour celui qui est familier avec cette aimable cité, à laquelle nous dédions notre brochure, est-il nécessaire que nous parlions du calme réparateur qui attend ici tous ceux qui nous viennent fatigués ou affaiblis ? Faut-il que je fasse l'éloge des excellents docteurs-médecins, que de rares qualités du cœur autant que de vastes connaissances scientifiques et thérapeutiques ont rendus populaires parmi nous ? a quoi bon répéter ce que tout le monde dit ?

Vous tous qui souffrez, accourez à Menton : La pureté du ciel se réfléchira dans votre âme; chacun des rayons de ce beau soleil vous rendra votre vigueur d'autrefois et cette aimable insouciance de la jeunesse que tout ici conspire à inspirer.

Mais me voilà bien loin de la simple note que je m'étais proposé d'écrire. Revenons à notre brochure trop oubliée par son éditeur dans cet avant-propos.

Il y a deux ans, un touriste anglais se

faisait remarquer de ses compagnons par son infatigable ardeur à visiter et à explorer la contrée, dont notre ville est le centre. Pas un site, pas un sentier perdu dans les anfractuosités de nos montagnes chargées de verdure, qu'il n'ait parcouru cent fois, toujours gai et alerte, toujours plus enchanté par le tableau ravissant qui se déroulait devant lui.

Si l'amitié qui nous lie à présent avec cet admirateur passionné de Menton et des Alpes maritimes, nous a permis d'apprécier la bonté de son cœur, le hasard, ou plutôt l'intervention d'un de ses compatriotes, qui fait partie de notre élégante colonie, nous a mis en possession des notes si intéressantes et surtout si exactes que nous sommes heureux d'être autorisés à publier.

Une bonne fortune ne vient jamais

seule. Au texte que nous donnons, il était indispensable de joindre un croquis des lieux ; un autre intrépide excursionniste a eu l'obligeance de nous fournir le panorama que nous avons placé à la fin de la brochure. L'auteur de ce dessin au trait, si curieux et si consciencieusement composé, est depuis des années notre hôte fidèle. Sans vouloir rien préjuger, nous ne doutons pas que le plan de nos montagnes, que nous devons à sa bienveillante patience, ne soit une nouvelle garantie de succès pour notre publication.

On nous a fait remarquer que cette brochure restait muette sur les avantages climatériques de Menton, tandis que le lecteur serait bien aise de trouver des renseignements positifs sur ce sujet. Nous avons répondu à ceux qui jugeaient ce travail incomplet, qu'il est dû à la plume d'un touriste et non pas à celle d'un médecin. Les docteurs, MM. Bennet, Bottini, Farina, Lée, Siordet, etc., ont écrit des volumes entiers sur cette matière ; c'est aux écrits de ces hommes de pratique que nous renvoyons avec plaisir. Notre brochure est une publication plutôt littéraire que scientifique.

L'ÉDITEUR.

A M. Th. W. F. Esq.

Mon cher ami,

Quand je quittai le Westmoreland pour venir chercher sous un climat plus généreux la santé qui m'abandonnait, vous me recommandâtes de vous faire connaître si Menton et son gai printemps avaient rendu à mon tempérament le ressort que lui enlevaient les brumes de mon vieux comté natal.

Depuis deux mois seulement, je suis installé dans la villa que m'avait louée d'avance M. Giordan, libraire à Menton, le plus aimable et le plus obligeant des intermédiaires, et déjà je suis tout autre.

Oui certes, Menton est une résidence agréable; mais je dirai plus encore, c'est le séjour le plus salubre, le plus réconfortant que je connaisse. Il me plaît d'espérer que vous viendrez m'y rejoindre, et pour que, d'ici là, vous puissiez vous transporter par l'imagination dans ce paradis terrestre que vous visiterez un jour, je vais vous décrire du mieux qu'il me sera possible et la ville et ses environs.

MENTON

BASSIN DE MENTON

La célèbre route de la Corniche, qui conduit de Nice à Gènes, suivant le littoral, descend des hauteurs escarpées où l'ingénieur l'a fait monter pour traverser la rue principale de Menton ou rue St Michel.

Les Alpes maritimes, dont les flancs abrupts plongent dans la mer de Nice jusqu'au cap Martin, font ici une légère retraite vers l'intérieur et décrivent un hémicycle jusqu'au cap italien de la Mortola où la route remonte à l'escalade; cet hémicycle embrasse un riant bassin, presque une plaine à pente douce vers la mer. Là est assise la jolie cité que je suis venu habiter par ordonnance du docteur, et où je resterai longtemps, retenu par le charme séduisant d'une belle contrée.

La grande baie comprise entre le cap Martin et le cap de la Mortola est divisée en deux baies secondaires par une pointe hardie que termine, non sans quelque majesté, une tour carrée appelée, je ne sais trop pourquoi, le Bastion.

La base de cette pointe forme le milieu de la longue ligne de maisons dont l'ensemble se nomme Menton; aussi, que l'on se place pour contempler le panorama de Menton, soit au cap Martin, soit à la Mortola, on ne voit qu'une moitié de la ville.

De ces deux baies, celle qui s'étend du Bastion au cap Martin, à l'ouest par conséquent, est le golfe de la Paix. Jamais nom ne me parut mieux appliqué; les flots baignent la base des maisons; et, comme dans la Méditerranée le mouvement du flux et du reflux est à peu près nul, et que le sol se prolonge sous les eaux en pente insensible, les coquettes habitations n'ont rien à craindre des vagues; elles déferlent avec un sourd murmure, berçant le sommeil des Mentonnais et ne l'interrompant guère du bruit de leurs fureurs.

Il semblerait que l'autre baie est moins favorisée, et que la mer n'y est pas toujours d'une clémence invariable, car le rivage y est terminé par un quai robuste muni d'un parapet qui protége le littoral contre les assauts et les envahissements des flots. Ce travail, assez remarquable, est dû à l'administration française et remonte au temps où la Principauté de Monaco et, par suite, Menton qui en faisait partie, se trouvèrent, comme tant d'autres états plus considérables, absorbés dans l'Empire français.

LE PORT.

À proprement parler, Menton n'a point de port; ce n'est qu'une rade sans abri contre les vents du large; et même, par un temps calme, comme la plage s'étend au loin, les navires ne peuvent approcher de la ville faute d'un fond suffisant; aussi la marine de Menton ne compte-t-elle que des bâtiments d'un faible tonnage; cependant elle ne laisse pas que d'être assez florissante; mais c'est un point dont se préoccupe peu le monde des touristes; c'est affaire aux commerçants; pour nous valétudinaires ou gens de plaisir, ce que nous cherchons, c'est avant tout du bien être et du pittoresque, surtout du pittoresque varié. Or Menton est bien partagé à cet égard; les admirables montagnes qui l'enceignent, et la mer qui caresse son rivage offrent une harmonie de beautés toujours nouvelle.

LA POPULATION.

A Menton nous sommes déjà en Italie, et à défaut du climat, la vue des hommes du peuple, des marins surtout, suffirait pour nous rappeler qu'en dépit de la politique et des traités, la vraie frontière d'Italie est franchie quand on arrive à Menton. A chaque pas, on rencontre paressant à l'ombre de leur barque tirée sur le rivage, dans l'attitude classique des lazzaroni napolitains, de beaux grands gaillards aux traits réguliers, coiffés d'un bonnet phrygien à demi-perdu dans une splendide chevelure noire et bouclée; un pantalon, si court que c'est presque un caleçon, laisse à découvert des membres dignes de servir de modèles à la sculpture; la chemise est ouverte à une large poitrine où flotte un scapulaire.

En présence de ces eaux d'un bleu si pur que sillonne au loin le vol léger des felouques et des tartanes aux blanches voiles, sous ce soleil ardent qui inonde de chaleur et de lumière l'atmosphère embaumée par les senteurs de l'oranger et du citronnier, l'aspect de ces pêcheurs au profil correct, aux formes élégantes, fait rêver de Castellamare et de Sorrente; il faut peu de complaisance pour se croire un instant transporté dans quelqu'un de ces replis parfumés que recèle le merveilleux golfe de Naples.

De cette classe de population que les Français appellent classe bourgeoise, je ne vous dirai rien : au point de vue du pittoresque, elle ne se distingue pas de ce que l'on peut voir dans les autres villes de la Méditerranée, et je n'ai pas eu assez occasion de la fréquenter dans l'intimité pour connaître et apprécier ses mérites.

LA VILLE.

La ville s'élève en amphithéâtre sur le penchant bien adouci d'un plateau qui se rattache aux Alpes maritimes; mais, dans cette direction, elle a peu d'étendue ; elle suit de préférence le littoral, et s'allonge de chaque côté de la route de la Corniche. Cette artère y forme une large et belle rue, peuplée de beaux hôtels et de nombreux magasins. Cette rue, la plus moderne, la plus élégante de la cité, n'a pas de caractère bien particulier; vous en trouveriez le modèle, par exemple, à Cannes que vous avez visitée. Mais les amants de la couleur locale, ceux qui fuyant le type uniforme des villes neuves, recherchent le passé dans les pierres et dans les poutres, peuvent s'enfoncer dans le vieux Menton. Ils y devineront ce que fut cette ville autrefois : une bourgade peureusement blottie au pied d'un château féodal; sans vie personnelle, j'entends par là, sans existence historique, trop faible pour marquer par elle-même dans l'histoire. Les écussons que l'on trouve sculptés au-dessus de quelques portes, attestent qu'il y vivait une noblesse ; et les chroniques témoignent que les Mentonais ont souvent fait une certaine figure sur les flottes de Gènes ou sur celles des Grimaldi; les chefs de famille ont eu des aventures; leur nom s'est illustré ; mais est-il quelque grand souvenir local que puisse évoquer l'aspect des rues et des édifices ? Des rues à peu près parallèles à la mer, s'allongent sinueusement, comme des serpents monstrueux, autour de la base de la montagne ; elles s'étagent les unes au-dessus des autres, reliées par des ruelles souvent voûtées et dont le sol est taillé en escaliers aux dalles boîteuses.

De vieilles et hautes maisons sans architecture, aux murailles ventrues, d'un alignement plus que fantaisiste, voilà le vieux Menton. C'est irrégulier, ce n'est pas pittoresque. Et pourtant je ne puis dire que ces rues soient laides ni vulgaires ; transportez-les dans les hauts quartiers d'Edimbourg, ou parmi les LANES de la cité de Londres, ce ne seront que des venelles hideuses et sinistres ; mais ici, dans cette contrée de fleurs et de parfums, sous ce soleil radieux qui pénètre partout, ces plates et triviales masures rient au passant et lui sont avenantes. Quel enchanteur que le soleil ! Le haillon qui flotte à cette fenêtre, les écailles de ce mur effrité, ces angles bizarres, ces recoins aux portes, ces ombres projetées par la saillie du toit, quelle gamme opulente des tons les plus variés ! La vitre étincelle, le pavé chatoie, les ténèbres de la voûte repoussent avec vigueur l'éclat de cette ardente lumière, qui scintille sur les ferrures et d'un clou fait en diamant.

L'archéologue n'a rien à faire en ces quartiers ; le peintre y trouverait cent tableaux.

Au sommet de la ville, on peut encore distinguer les murs de l'antique château de MENTON, qui a soutenu plus d'un siége et dont l'origine remonte aux premiers temps du moyen-âge. Dans cette enceinte qui ne renferme plus aujourd'hui qu'un enclos sans constructions, et consacré à la demeure des morts, se sont succédé les seigneurs qui ont possédé Menton, les Vento, les Lascaris, les Grimaldi. Singulier caprice du sort qui a remplacé par un cimetière le séjour de ces puissantes familles dont les unes n'ont plus laissé de traces, dont la dernière et non la moins illustre, ne possède plus de tant de seigneuries que son rocher patrimonial.

Mais puisque me voici amené en face du passé, pourquoi ne vous dirais-je pas quelques mots sur l'histoire de Menton ?

HISTOIRE.

De même que dans notre vieille et joyeuse Angleterre, OUR OLD MERRY ENGLAND, on se présente mutuellement ses hôtes et ses amis, je vais vous présenter Menton, non pas sous son aspect extérieur, (je l'ai déjà fait, car le visage est ce que l'on voit tout d'abord dans l'ami présenté), mais ses antécédents, ce que nous ne savons pas toujours sur ce même ami.

Les antécédents de Menton sont fort recommandables et témoignent en faveur de la RESPECTABILITY de la ville. Elle est d'une antique famille, car il est fort difficile de connaître exactement en quelle année elle parut au soleil.

Les savants prétendent qu'elle occupe l'emplacement d'une ancienne ville romaine, Lumone, dont il reste encore quelques vestiges dans le voisinage; je n'y contredis pas. Selon les mêmes savants, les troupes des empereurs Othon et Vitellius se livrèrent, dans les environs, des combats sanglants. Mais laissons dans son obscurité cette partie toute légendaire de l'histoire de MENTON et arrivons au moyen-âge. Ce que je vais vous en dire, je ne l'ai pas découvert par des fouilles opiniâtres dans les vieux auteurs ni dans les archives poudreuses; j'ai simplement feuilleté un intéressant ouvrage en deux superbes volumes, que j'ai trouvé chez M. Giordan; cet ouvrage est intitulé MONACO ET ses Princes, par M. Henri Métivier. J'y vois que Menton, dont il est assez difficile de préciser l'origine, aurait joué, sous le nom de Lumone, certain rôle dans l'histoire de l'Empire Romain et pendant le moyen-âge. Ce dut être une des stations occupées sur la côte par les pirates Sarrasins, dont il reste bien des souvenirs, des légendes et même des traces matérielles aux environs, à Eza, à Saint-Agnès, à Monaco. C'est même à cette époque que remonterait l'établissement de la Principauté; car un vaillant guerrier, Grimaldi, reçut, dit-on, de l'empereur Othon I*er*, en 962, donation en pleine souveraineté de l'antique forteresse de Monaco qu'il avait enlevée aux barbaresques. Ce Grimaldi serait la tige de la maison des Grimaldi, qui règne encore dans la Principauté. Certes elle est bien réduite en territoire; mais elle n'en a pas moins une vaillante origine et un passé fort honorable, comme vous pouvez en juger.

Plus tard on trouve Menton aux mains d'une famille noble de Gènes, les Vento qui en cédèrent, en 1346, une grande partie à Charles Grimaldi, seigneur de Monaco.

Charles a sa place dans les fastes de l'histoire d'Angleterre; deux fois, au moins, nos pères l'ont eu pour ennemi et avec des chances bien diverses; en 1342, amiral du roi Philippe VI de Valois, il battait une flotte anglaise à Guernesey; en 1346, il commandait les 12000 arbalétriers génois qui se firent bravement tailler en pièces à Crécy.

C'était un vaillant chevalier, et je me demande si, parmi les marins Mentonnais, dont j'admire la mâle beauté, il n'y aurait pas encore quelque descendant des matelots qui eurent l'honneur de vaincre, il y a cinq cent vingt-quatre ans, les ancêtres de nos jacquettes bleues? Je serais heureux d'en connaître quelqu'un et je lui donnerais de grand cœur un vigoureux SHAKE HAND, en Anglais assez légitimement fier de son propre pays pour rendre justice au courage chez les autres.

L'autre partie de Menton fut acquise, en 1448, par le prince Jean Ier. Encore un victorieux, celui-là, non pas des Anglais, par exemple, mais des Vénitiens et de leur célèbre général Carmagnola.

De ce jour Menton et son territoire firent définitivement partie intégrante de la principauté de Monaco, dont les souverains possédaient de très nombreux et très-riches domaines en France et en Italie.

Les familles considérables du pays peuvent citer

plusieurs noms parmi les plus fidèles et les plus vaillants serviteurs des princes. Quand le prince Honoré II reconquit, par une héroïque aventure, son indépendance que les Espagnols avaient peu loyalement confisquée, il fut aidé par un capitaine de Monléon dont les descendants comptent au nombre des plus estimables citoyens de la contrée. Quand vous serez près de moi, je vous ferai lire dans MONACO ET SES PRINCES, ce curieux épisode historique ; il en vaut la peine.

La Révolution française eut son contre-coup à Menton et à Monaco, où une Convention nationale, contrefaçon assez risible de la terrible Convention de Paris, demanda à sa grande sœur l'annexion de la Principauté à la République Française. Mais, en 1815 toute l'ancienne Principauté fut rendue au descendant de ses souverains, Honoré IV. En 1847 et 1848, une révolution locale dont les causes ont été très-diversement appréciées, et que vous êtes, sans doute, peu curieux d'étudier, enlevèrent au prince de Monaco, Florestan Ier, les villes de Menton et de Roquebrune qui se donnèrent au Piémont. Cet état fut empêché par la diplomatie de prendre possession des deux villes insurgées ; il les couvrit alors de sa protection, y établit sa douane et une garnison et leur laissa une apparente indépendance qui dura jusqu'au moment où le traité conclu entre le roi Victor Emmanuel et l'Empereur Napoléon III donna à la France le comté de Nice, dont la Principauté est une enclave. Alors la France, qui avait toujours reconnu les droits des princes à Menton et Roquebrune, traita avec le successeur de Florestan, Charles III, de l'abandon de ses droits, moyennant une indemnité pécuniaire de 4,000,000 de francs (160,000 livres sterling). Ce traité, d'une part, et le vote d'un certain nombre de Mentonnais, de l'autre, tels sont les titres en vertu desquels les deux communes détachées définitivement de la Principauté de Monaco, font dorénavant partie de l'Empire Français. Pour plus de détails, lisez l'ouvrage de M. Henri Métivier.

Maintenant que vous savez à peu-près l'histoire de Menton, je continue à vous en faire la description.

ÉDIFICES.

Les édifices monumentaux ne sont pas nombreux dans la ville; les églises, dont les campaniles élancés rehaussent singulièrement l'aspect de MENTON et la signalent au loin, voilà les seules constructions de quelque importance que l'on y puisse citer. La principale de ces églises, sous le vocable de St-Michel, date, dit-on, du xiiie siècle; je le veux bien; mais elle a été tellement réparée et modifiée au xviie siècle que le style actuel de son architecture intérieure et de sa décoration rappelle ces églises des Jésuites qui abondent dans l'Amérique Espagnole. C'est un temple assez spacieux, élégant; la lumière y entre à pleines fenêtres, et l'on y chercherait en vain de ces chapelles sombres, de ces travées mystérieuses qui impriment un caractère si imposant et si recueilli aux vieilles cathédrales du moyen-âge gothique.

Un français, quelque démocrate sans doute, qui s'y trouvait en même temps que moi, me fit remarquer avec une vertueuse indignation le dernier banc près de la porte d'entrée ; je l'examinai d'un œil curieux, mais je n'y trouvai rien qui motivât une attention particulière, encore moins l'indignation qui animait le visage de mon interlocuteur. Je le lui fis observer.

— Et cette inscription, cette étiquette : « POVERI. » Pourquoi mettre à part ainsi les déshérités de la fortune ?

— En vérité, mon cher monsieur, je trouve les Mentonnais en progrès sur les autres catholiques de France; partout où j'ai passé, j'ai vu que les indigents n'avaient d'autre alternative que de s'asseoir sur les dalles ou de payer une contribution souvent lourde pour leur maigre bourse.

Auprès de l'église St-Michel, et séparée par une petite place seulement, est l'église des Pénitents blancs; la façade asssez gracieuse est due, m'a-t-on affirmé, à ce prince Honoré qui chassa si vaillamment les espagnols de Monaco.

Notre temple anglican, de construction récente, n'a d'autre valeur à mes yeux que celle que lui donne sa maison de prières; il est tout près de la mer, à proximité du quartier le plus peuplé de villas et d'hôtels-pensions. Aux heures de calme recueillement, on y peut entendre le bruissement des vagues expirant sur la grève; ce murmure doux et profond rappelle incessamment la grandeur infinie, et aussi la bonté du Créateur.

Vous parlerai-je du Casino? C'est un essai; bientôt, sans doute, il aura un succès plus important; des hôtels? Ils sont généralement confortables, et assez nombreux pour que l'on puisse choisir. Mais rien ne vaut une villa à la campagne.

Si agréable que soit Menton et si attrayant que puisse paraître quelque temps le séjour de cette ville, on ne saurait comparer les charmes de la cité à ceux de ses environs.

LES ENVIRONS.

Les vallons, les ravins de ce paradis terrestre présentent les aspects les plus variés ; tantôt c'est une gorge étroite avec parois abruptes et apres; le roc est à nu et ses irrégularités capricieuses, ses escarpements sauvages ne laissent qu'un étroit passage, où cheminent péniblement les montagnards eux-mêmes. Tantôt, c'est un nid de verdure; des arbres puissants, caroubiers au feuillage luisant, aux longues gousses brunes, oliviers nouso, tiges élancées de euxrgho, troncs noirâtres, et feuilles brillantes du citronnier, dont les fruits verts et jaunes courbent les rameaux, neige odorante des orangers, toute cette flore si variée et si féconde revêt de sa végétation éternelle le flanc des monts, se blottit dans les anfractuosités du roc, escaladant de terrasse en terrasse, du fond du ravin au sommet, la croupe des Alpes-maritimes; la force se cache sous la parure, et cette infranchissable barrière que l'Italie oppose aux efforts des vents et des flots n'offre aux yeux qu'un amoncellement harmonieux, un chaos odorant et multicolore de fleurs, d'arbres, de fruits et de feuilles.

Mais laissons de côté le style descriptif où je suis fort malhabile; je sens vivement les beautés de ce lieu de délices, mais je ne saurais les raconter. Il faudrait un poète ou un peintre; nous allons seulement dire quelques mots sur un ton moins ambitieux des buts de promenade que peut se proposer le touriste.

EXCURSIONS.

Et d'abord pour rendre à tout seigneur tout honneur, commençons par Monaco, en passant par Roquebrune, si toutefois on ne préfère pas la voie de mer; des bateaux de plaisance à la disposition des touristes permettent de satisfaire facilement cette fantaisie. Si vous l'avez pour agréable nous irons par terre.

On sort de Menton en se dirigeant vers l'ouest. La rue St-Michel est, en cet endroit, bordée de charmantes maisons dont l'architecture élégante n'a rien de commun avec les lourdes et froidement régulières constructions de nos grandes capitales; ce ne sont pas tout à fait des PALAZZI; des villas seraient plus agrestes; figurez-vous un compromis pittoresque entre ces deux styles. Le plus souvent un petit jardin aux massifs bien disposés s'étend entre la façade et la grille d'entrée, et derrière la maison commence la plage; entre la mer et la voie publique, jouissant des avantages de l'une et de l'autre, ces habitations sollicitent le visiteur et le retiennent.

La route, au sortir de Menton, est une délicieuse avenue qui a sur celles de nos parcs l'avantage d'être infiniment plus pittoresque; la variété des plantations, l'irrégularité de l'alignement et l'arrière plan que l'on découvre par les intervalles des arbres, multiplient les aspects, et bannissent toute monotonie.

On m'avait dit que cette route était plantée de lauriers roses, et mon imagination saisie traçait d'avance le plus gracieux tableau; certes la renommée n'avait pas menti, mais l'imagination s'était enflammée à tort. Les lauriers ne manquent pas de chaque côté de la voie; mais en quel état! Poudreux, ébranchés par tout autre main que celle des jardiniers, ils laissaient pendre piteusement leurs rameaux brisés, et cette allée n'aurait donné qu'un bien maigre ombrage, si des acacias, des platanes, des oliviers ne se fussent généreusement chargés d'un office que remplissent fort mal les lauriers plus poétiques dans les livres que dans la réalité.

VALLON DE CAREI.

L'avenue est coupée deux fois par des torreuts descendus de la montagne. Le premier est celui de Carei, dont la vallée est longée par une route que fit construire le prince Honoré V; cette route est en même temps une digue qui retient les eaux du torrent. N'allez pas croire cependant que le Carei ait le moindre rapport avec les rivières aux eaux abondantes que vous avez pu rencontrer; le Carei comme le Manzanarés auquel le spirituel romancier français voulait, par charité, porter un verre d'eau, est parfaitement desséché pendant la plus grande partie de l'année; mais que quelque grosse nuée, arrêtée par le sommet des Alpes ou poussée dans le vallon par le vent du sud-ouest, ouvre ses cataractes, et aussitôt le paisible vallon est parcouru par un torrent impétueux qui s'élargit en approchant de la mer, et présente alors l'aspect d'une rivière de second ordre; puis le soleil venant de nouveau éclairer la contrée, la rivière se tarit en même temps que la source s'est épuisée.

Longeant le torrent, la route ombragée de platanes, gravit la déchirure de la montagne; de chaque côté, s'élève la paroi hérissée d'aloès-agaves et de cactus-raquettes. Du sein de plusieurs de ces formidables aloès, s'élance, droite et svelte, une hampe qui porte à vingt pieds de haut des fleurs éclatantes; les cactus, de ceux que l'on appelle aussi figuiers de Barbarie, présentent d'épaisses raquettes d'un vert foncé, armées de bouquets épineux; et leur aspect rébarbatif est adouci par de larges fleurs d'un pourpre éclatant. Ces belles fleurs perdent bientôt leurs pétales, le centre se gonfle et devient une grosse baie violette. Si vous êtes adroit, détachez, sans vous piquer, cette baie de la raquette qui la porte, ouvrez-la comme une châtaigne, et vous pourrez vous rafraîchir avec la pulpe tendre et fondante qui se cache, comme tant d'autres bonnes choses, sous une enveloppe cuirassée.

Des citronniers, des oliviers échelonnés sur la colline étendent leurs rameaux ombreux au-dessus de la tête du voyageur; la vigne y entrelace ses mille bras flexibles, et au sommet, sur la crête, des pins-lariccio projettent sur l'azur du ciel leurs troncs élancés que couronne un sombre parasol de verdure.

Sinueuse et profondément encaissée, la vallée est riche en échappées de vue; retournez-vous; par une échancrure de la verte muraille, le regard s'étend sur les croupes inférieures du mont, plonge dans des retraites mystérieuses, plane au-dessus de Menton, au-dessus du rivage, et se perd dans l'infini de la mer qui scintille sous les feux du soleil. Contemplez ensuite la montagne que vous gravissez; de l'angle de ce rocher, voyez cet abîme de verdure où perce, de çà, de là, un large diamant dont un enchanteur fait étinceler les feux; ce diamant, c'est un ruisseau qui bondit entre les pierres, se cache sous le feuillage, reparaît pour s'engloutir encore; au-delà règne un horizon rétréci par les flancs de la vallée, mais d'une profondeur sans borne. Sur ce lambeau de ciel inondé de lumière se profilent grêles et mobiles les branches de quelque caroubier monstrueux émergeant de la masse des plantations, ou d'un figuier cramponné à un rocher hardi; là c'est le toit d'une bastide qui fait saillie; plus loin toujours plus loin, dans ce bleu qui blanchit, c'est l'infini de l'éther.

Ainsi cheminant, perdu entre ces immensités, au sein d'un silence qu'anime le murmure discret d'une cascadelle, ou le vol et la note d'un oiseau effarouché, le promeneur oublie le monde; s'il est poète, il fait des vers; s'il ne sait que sentir la poésie sans pouvoir l'exprimer, il jouit de toutes ces beautés, s'en enivre... et tout à coup, il sort de son rêve; un bruit étrange le rappelle à la réalité des choses; un mulet, faisant tinter sa sonnette, passe près de lui, le dos chargé d'un sac d'olives. L'honnête animal se rend au moulin à huile établi sur le bord du torrent.

L'huile d'olives, la distillerie des parfums, les citrons, les oranges, voilà les industries et le commerce de Menton. Aussi dès l'entrée du vallon de Carei rencontre-t-on une distillerie, et sur les bords du torrent, deux moulins à huile troublent le silence solennel de ce beau paysage, par le bruit de leurs pressoirs en activité.

La route s'élève, s'escarpe; les nids de verdure

o lorante deviennent de plus en plus rares, et la roche dénudée montre partout ses angles brusques, ses effrayantes déclivités. Un côteau, cependant, superposé comme une énorme excroissance sur la montagne, étale au riant soleil ses pampres rougissants; au sommet du côteau, dominant de riches vignobles, un petit village, les Monti, dont le clocher perce au-dessus de l'épaisse frondaison des caroubiers et des oliviers qui enceignent l'église.

C'est une charmante église, toute coquette, toute neuve, dont la construction est due au prince de Monaco Honoré V, mort en 1841. Ce prince est certainement une des curieuses figures du siècle; gentilhomme de grande race, aristocrate d'essence, il voulut être du xix⁰ siècle, en dépit des traditions de famille et de ses inclinations qui le ramenaient au temps de l'absolutime féodal. Despote et philantrophe, il voulut faire le bien des gens, non pas comme ceux-ci le comprenaient et le désiraient, mais comme il le concevait lui-même. La sincérité de ses intentions, les études théoriques où il excella, sa forte volonté, et le dédain inconscient du haut duquel il entrevoyait et appréciait les opinions, les préjugés, les vœux et les résistances de son petit peuple, ont accumulé les contrastes les plus étranges dans les vingt-cinq années de son règne. Il expérimenta, et son successeur a payé les frais de ces expériences; Florestan, bon, droit, paternel a perdu les trois quarts de ses Etats, à la suite d'une révolution préparée en partie par le théoricien absolu.

Le chemin fait un coude avant d'atteindre la place du parvis de l'église; il faut s'arrêter un instant auprès d'une petite fontaine dont les eaux ont une assez grande vertu pétrifiante; j'y ai trouvé un rameau de citronnier encore garni d'un bouton de fleur, et d'un petit citron gros comme une noisette; le tout est pétrifié, et conserve si bien ses formes, les fibres du bois, le granulé du fruit, que je me propose d'en faire hommage à miss Ellen, votre charmante fille, pour sa collection d'objets exotiques.

Depuis que nous sommes entrés dans le vallon de Carei, la route que nous suivons est la principale artère qui mette en communication le littoral de Monaco à Vintimille avec l'intérieur du royaume d'Italie; c'est la route de Sospello, que l'on me dit conduire jusqu'à Turin. N'allez pas vous imaginer une voie large et douce; non pas; un sentier de quelques yards en largeur, praticable pour les piétons et pour les mulets, voilà la route. Elle est pittoresque entre toutes ; ombreuse et riante à son début, près de la ville, elle devient, aux Monti agreste et sauvage, et bientôt, après une demi heure de marche, pendant laquelle tantôt on côtoie une belle forêt de pins, tantôt on s'élève sur le flanc rocheux du mont par des lacets tortueux, on atteint un étroit défilé ; les deux côtés de la route se rapprochent ; les rochers resserrent la voie ; franchissons cet étroit passage, doublons ce promontoire, et devant nous s'ouvre un cirque naturel, un hémycicle de pierres tapissées de myrtes. C'est là que prend sa source le torrent dont nous suivons les bords. L'eau sourd du haut du cirque, et bondissant en vingt cascades tombe dans un bassin d'où elle s'écoule en ruisseau murmurant. Il n'y a là rien de grandiose et les Alpes Suisses renferment des beautés plus imposantes ; mais il est impossible de trouver un recoin où, dans de modestes proportions, soient réunies avec plus d'harmonie cascade, gouffre, rocs sourcilleux, précipices et flore sauvage des montagnes. On appelle ce lieu romantique, le GOURG DE L'ORA ; GOURG est évidemment un dérivé de GURGES, et ce gouffre où la main de l'homme ne se fait nullement sentir, où sous prétexte d'arranger, elle n'est pas venue gâter la nature, vaut à lui seul toute l'excursion que nous venons de faire.

Quand je dis que la main de l'homme a respecté ce chef-d'œuvre du créateur, je n'ai pas voulu dire qu'elle en fût tout à fait absente; au-dessus de la cascade, dans la montagne qui la domine, une grotte a été creusée par un solitaire, un ermite, dans le XVIe siècle; l'ascension y est trop pénible pour qu'un valétudinaire comme votre ami s'y soit risqué; mais d'en bas on peut juger de de l'effet général; et cet ermite était à coup sûr un homme avisé, un raffiné, un artiste, car on ne saurait choisir une retraite plus sûre, mieux abritée, et d'où l'on jouisse de plus beaux aspects; il n'y avait pas à redouter de visites importunes, et sa rêverie, son extase y trouvait aliment et loisir.

Un petit sentier, qui s'ouvre sur la rive droite du ravin, conduit à Castillon et à Castellar; ce sont deux excursions intéressantes; mais on peut se rendre à ces bourgs par une autre route partant de Menton même. Aujourd'hui nous avions pris pour but de la promenade la ville de Monaco; et entraîné par la beauté du vallon de Carei, je vous ai fait aire une assez forte digression jusqu'au Gourg de l'Ora.

Excusez ce vagabondage, et reprenons notre course vers la vieille forteresse des Grimaldi.

Il sera plus sage de revenir sur nos pas que de couper le flanc des Alpes; le vallon, du reste, ne perd rien à être revu à la descente.

Revenons à l'entrée de Carei, nous suivrons la route de la Corniche.

VALLON DE BOIRIGO.

Le second torrent est celui du Boirigo qui ne le cède en rien à celui de Carei, ni pour l'inconstance de ses eaux, ni pour le pittoresque de son vallon. Mais les piétons seuls peuvent le parcourir; un sentier de chèvres, voilà ce que doit attendre l'explorateur; il n'y a rien là qui puisse effrayer un voyageur anglais; et s'il éprouve quelque fatigue, il en sera bien dédommagé par la sévère beauté des points de vue. Si Carei est gracieux, Boirigo est farouche; le torrent, quand il ne roule pas des flots d'eau trouble et bruyante, est une large ravine de sable et de cailloux; à peine quelques lentisques, quelques myrtes opiniâtres fraient une issue à leurs tiges sèches et grêles entre les pierres, les rochers aux angles secs et rudes, et assombrissent la pensée. Après un mille et demi de marche fatigante.... mais voici encore que j'abandonne Monaco! Eh! bien, je m'arrêterai là haut à Ste Agnès; dans ce village que j'aperçois perché sur un pic sourcilleux ; de ce point élevé, la perspective doit être admirable ; courage donc. Après un mille et demi, ai-je dit, on se trouve en présence de trois sentiers; l'un s'enfonce à gauche dans un vallon creux, évidemment le lit d'un affluent du Boirigo, l'autre à droite, non moins encaissé est ombragé de superbes châtaigniers; le troisième sentier, escarpé, capricieux, escalade la crête de rochers qui sépare les deux ravins. Je me décide pour les châtaigniers, c'est un arbre de mon pays, un vieux compatriote que j'aime retrouver.

— Comment nommez-vous ce vallon ? Le val de Castagnié, me répond l'honnête contadino qui ramasse sous un arbre des fruits aux mille aiguillons ; j'aurais dû deviner ce nom. L'autre ravin, c'est Cabruaré, ou Cabrollès, le val des chèvres.

Moins désolé que Boirigo, Castagnié ne laisse pas que d'inspirer des idées mélancoliques ; l'épaisse voûte des arbres, la noire ramure des pins rompent la monotonie du chemin, mais sans l'égayer. Tout-à-coup le sentier se redresse, âpre et raide pour aboutir à une plate forme sur laquelle s'alignent cahin-caha des maisons plus pittoresques à distance qu'elles ne sont engageantes de près. Il fait froid. A cette hauteur on ne se croirait plus si près de la tiède cité de Menton, et la nature revêche, stérile de cette région pierreuse m'amène à me demander pourquoi elle est habitée. Aux portes de Menton, à si peu de distance des vallons enchantés, quelle nécessité a pu contraindre les gens à choisir une telle résidence? Quelle nécessité? Une légende que j'ai apprise le lendemain répond à cette question. Ste Agnès, après avoir été un repaire de pirates sarrazins, est devenue un abri contre les descentes que les barbaresques ont faites pendant plusieurs siècles sur le littoral. Ces vieilles murailles qui s'écroulent lentement, là bas, à 100 yards au-dessus du village, ce sont les ruines d'un château-fort qui a passé des Sarrazins aux Lascaris de Vintimille et aux ducs de Savoie.

L'église est dédiée à Notre-Dame-des-Neiges! Quel nom en un tel pays! et quel contraste entre Ste Agnès et Menton!

De la plate forme on a, quand on contemple la mer, un admirable point de vue ; toute la région se développe avec cette netteté de lignes qui n'appartient qu'aux pays méridionaux où la pureté et la transparence de l'atmosphère rapprochent la distance, et ne connaissent pas cette brume légère qui voile si poétiquement les contours des objets. Le regard plonge au fond des ravins, et s'étend sur la mer ; à l'horizon, ce flocon d'améthyste qui se détache immobile entre l'éclatante lumière du ciel, et la ligne blanchissante de la mer ; c'est une île, l'île de Corse ; c'est le berceau de cet homme extraordinaire qui naquit dans une île, régna dans une autre plus petite, après avoir dominé l'Europe, et alla mourir sur un îlot, au sein de l'océan.

Derrière Ste Agnès, le regard se heurte contre une énorme masse ; les montagnes forment un second degré de cet escalier gigantesque, autre échelle de Jacob qui gravit jusqu'au ciel.

Il est trop tard pour revenir à Menton ou repartir pour Monaco ; il faut demander l'hospitalité au village ; et je me remettrai en route demain matin. Quelle nuit pour un sybarite !

Je suis à 6 milles du point où j'ai quitté la Corniche, à 6 milles à vol d'oiseau, il est vrai ; mais il faut bien trois heures de marche pour franchir cette distance.

CARNOLÈS.

Nous voici redescendus à l'entrée du vallon de Boirigo. Après avoir franchi le torrent sur un pont assez chancelant (1), nous voyons une masse de verdure sur notre droite et sous le fourré se cache à moitié un édifice dont il est difficile de reconnaître le style et l'importance, c'est le domaine de Carnolès, palazzo de campagne des princes de Monaco.

Je l'ai visité ; depuis plus de quinze ans il était inhabité, et ce modeste Trianon avait singulièrement souffert de l'abandon ; ses propriétaires en avaient été dépossédés par la révolution de Menton et l'administration municipale de cette ville n'avait trop su quel parti en tirer. Parc et bâtiment attendaient la main des jardiniers et des ouvriers. Depuis lors le Prince, qui était rentré en possession

(1) Le pont en bois se trouve aujourd'hui remplacé par un pont en construction appelé Pont-Neuf.

a vendu ce domaine à un homme intelligent qui l'a converti en un cercle de famille.

Un souvenir historique s'y rattache: Hercule, fils du prince Honoré II, qui avait vaillamment secondé son père dans le coup de main contre les Espganols, en 1641, y périt par accident; un de ses gardes jouant avec la détente de son arquebuse, le coup partit et atteignit le jeune prince qui mourut de sa blessure.

En face de Carnolès se trouve la Madone, autre maison de plaisance, moindre, il est vrai, que son vis-à-vis.

LA CORNICHE

Jusque-là le voyageur a cheminé tout près de la mer dont il est séparé par de charmantes villas et par leurs jardins. Après avoir franchi le torrent de Gorbio, sur un assez joli pont de pierre, il va s'élever sur le penchant de la montagne qui se rapproche de la Méditerranée. A sa droite les maisons, nichées dans des replis pleins d'ombre et de fraîcheur, se cachent aux regards des curieux; les jardins avancent leurs terrasses jusqu'à la route qu'ils dominent, et des murs de ces terrasses pend tout un monde de végétation sauvage; des figuiers se sont frayé un passage à travers les pierres mal jointes, et leurs rameaux vigoureux, sortant du mur, suspendent au-dessus de la tête du piéton altéré leurs fruits savoureux; des touffes de capriers, laissent flotter de riches guirlandes de feuilles vertes et de fleurs blanches aux larges corolles; le caprier est la pervenche de ces contrées; il en a les longues traînes et le feuillage; mais la fleur plus large est d'un tissu plus délicat et exhale un parfum pénétrant. A gauche, la déclivité du mont plonge dans les flots tantôt abrupte et menaçante, tantôt par terrasses dont chaque degré est une cascade de citronniers, d'orangers, d'oliviers, de pins d'Italie; le sol est tapissé de violettes de Parme, de géraniums, de myrthes nains, de bruyères roses; là où le roc avare ne peut nourrir que des plantes grasses se hérissent des aloès formidables, des figuiers de Barbarie à l'aspect rébarbatif.

C'est par cette route embaumée que l'on parvient au pied d'un escalier taillé dans le mont; ces marches conduisent par un chemin plus court le piéton au bourg de Roquebrune.

ROQUEBRUNE.

Roquebrune, ancienne seigneurie génoise a, pendant plusieurs siècles, fait partie de la principauté de Monaco; suivant le mouvement insurrectionnel de Menton, ce village s'est, à la même époque, séparé des princes et, comme MENTON dont il était une annexe politique, il a été cédé à la France par le prince Charles III.

Il faut aller visiter Roquebrune, mais je doute qu'il soit séduisant d'y vivre. Rien de plus pittoresque, mais rien aussi de moins confortable; les rues sont des escaliers voûtés; dans ces tortueuses allées l'ombre et la lumière se combattant produiduisent des effets à ravir un peintre flamand.

Les maisons, cramponnées au roc, semblent toujours prêtes à glisser; d'ailleurs, en réalisant cette apparence menaçante, elles ne feraient que poursuivre un voyage déjà commencé si l'on en croit la légende. Autrefois, dit-elle, Roquebrune était perché sur le sommet de la montagne; mais le diable irrité de je ne sais quel bon tour que lui joua un saint moine du lieu, précipita le bourg qui dégringolant avec son rocher, allait rouler au fond de la mer bleue qui s'étale à sept ou huit cents mètres plus bas. Tout-à-coup une tige d'olivier ou de myrthe, ou seulement de genêt arrêta l'écroulement. C'était un miracle dû au bon moine; et, depuis ce jour, Roquebrune s'est maintenu sur la pente. « SE NON E VERO E BENE TROVATO. »

A ceux que la tradition laisse incrédules, on fait remarquer la trace de l'écroulement, trace, en effet, très-visible, et la formation géologique de de l'agglomération de rochers qui supporte le village. A cela il n'y a rien à répliquer. De Roquebrune à Monaco, il y a deux routes; l'une y conduisant directement abandonne la Corniche, court parallèlement à cette grande voie, mais à des hauteurs moins vertigineuses.

L'autre, suivant la Corniche, mène à la Turbie d'où un chemin en lacets descend vers l'antique capitale de la Maison des Grimaldi. Par le premier chemin qui, du reste, présente les mêmes aspects que ceux que nous avons admirés depuis Menton, on passe à St Roman, vieille petite chapelle, ou plutôt ancien ermitage; tous les ans la fête du saint Ermite est l'occasion d'une fête champêtre pour toute la contrée. A St Roman commence la frontière actuelle de la Principauté de Monaco.

LES MOULINS.

On arrive aux Moulins, joli village blotti dans des fourrés d'orangers et de citronniers; les plus coquettes villas du monde enfouies dans les capricieux recoins des Alpes, ne se révèlent que par des échappées de vue au travers de leurs grilles d'entrée, qui ouvrent sur la route. Les Moulins occupent l'extrémité d'un riche plateau, les Spélugues, où l'administration des Jeux des Bains de Monaco a fait construire un splendide Casino. Nous y reviendrons. On descend ensuite vers le port de Monaco, puis on gravit les rampes qui mènent, à travers deux portes autrefois fortifiées, sur la place du Palais.

MONACO.

Monaco est une vieille ville dans toute la force du mot; et, malgré son exiguité et le petit nombre de ses habitants, on ne peut lui refuser cette dénomination de ville ; les rues convergent vers un centre commun, la place du Palais. L'un des côtés de cette place assez vaste est occupé par la façade très-originale du palais des Princes ; tous les styles s'y coudoient ; des tours et des galeries carrées, aux créneaux aigus, à légères colonnettes, rappellent l'époque où les pirates arabes étaient établis sur ce rocher.

L'édifice est spacieux ; c'est un amoncellement assez confus de bastions, de retraits moyen-âge, de façades et de LOGGIE italiennes, et aussi de grands et nus corps de bâtiments d'architecture moderne. La masse est imposante, et on y peut remarquer des détails curieux. Dans la cour d'honneur, un fort bel escalier de marbre blanc, à double rampe tournante, conduit à une galerie ornée de fresques Renaissance, réparées tout récemment et avec goût. La façade opposée est décorée d'une frise à fresque représentant le cortége de Bacchus. C'est l'œuvre de quelqu'un des grands maîtres italiens du XVIe siècle. Il est assez difficile de visiter l'intérieur du palais ; il faut se munir d'une autorisation du gouverneur général et profiter, pour faire cette demande, de l'absence du prince, qui a le bon goût d'aimer que l'on respecte sa vie domestique. Grâce à cette autorisation, on peut voir, entre autres appartements ne présentant rien de bien caractéristique, la grande salle des Gardes, la salle de Grimaldi, qui est le HALL de cette résidence, la chambre d'York ; voici un nom qui sonne aux oreilles britanniques. C'était au siècle dernier, il y a environ cent ans, le 3 septembre 1767, une frégate anglaise relâcha dans le port de Monaco pour débarquer le frère du roi Georges III, le duc d'York, qu'un mal subit avait contraint d'interrompre son voyage à Rome. Hospitalièrement accueilli par le prince Honoré III, le duc fut porté dans cette belle chambre, et, après quelques jours de maladie, il y succomba. Depuis lors, la chambre a conservé le nom d'York, et elle justifie cette dénomination par le luxe artistique de sa décoration. Mais ce que je préfère dans le palais, ce sont les jardins ; certes, la nature est splendide sous ce climat enchanté ; mais combien plus belles en sont les plantes et les fleurs, quand on les trouve distribuées en massifs, bien exposées, émondées, arrosées, réparties dans le plus harmonieux et le plus savant des labyrinthes ! Ce n'est pas que l'on ait tracé dans les jardins de Monaco de ces froides et prétentieuses allées circulaires laborieusement agencées en vue d'égarer le promeneur. Non ; mais, mettant à profit les multiples accidents que la nature et les ravages des siècles ou des hommes ont produits sur ce rocher, le créateur de ces admirables jardins a planté les plates-formes, les terrasses, les talus, les gradins gigantesques, les sombres recoins pleins de racines, les tours éventrées, de toutes les richesses de la flore méditerranéenne.

Les jardins s'étagent de la mer au sommet du rocher ; tantôt c'est une pente douce qui conduit à l'une des terrasses, tantôt c'est l'escalier en colimaçon d'une tour ouverte par le canon, ici un bel escalier de marbre blanc, là les coudes multiples d'une allée. Cette montagne de fleurs, d'arbres et de parfums, domine une anse, où de gros rochers noirs, faisant saillie sur la face azurée de la mer, opposent aux vagues un obstacle éternel. L'eau s'y brise et blanchit en écume. Le rivage s'élève et se rattache à la croupe d'une pittoresque montagne, LA TESTA DI CANE, poste avancé des Alpes-Maritimes.

C'est dans cette partie de la principauté que j'ai vu le plus monstrueux des caroubiers. Dans le jardin d'une jolie petite villa isolée à cent pas de la mer et à l'abri de la montagne, la FONDVIEILLE, m'a-t-on dit, est un de ces beaux arbres, d'une circonférence de plus de cinq mètres. Il se tord sur le sol comme un boa antédiluvien; puis, se redressant tout à coup, il élève à une grande hauteur la masse de sa frondaison.

De la ville de Monaco je ne vous dirai rien de particulier ; elle renferme peu d'édifices à citer, et toute sa beauté est dans son admirable situation. Figurez-vous une presqu'île rocheuse, haute de plus de cent mètres au-dessus de la mer, aux flancs abrupts tapissés d'une luxuriante végétation tropicale de myrtes-nains, de cactus et d'aloès. Sur le plateau, l'énorme palais Grimaldi, qui commande l'isthme étroit le rattachant à la montagne ; devant le palais, la place, dont deux côtés sont plantés de beaux platanes ombrageant des piles de boulets et de canons monstrueux, souvenir du belliqueux passé des princes ; puis, de l'autre côté de cette place, la ville, composée de trois longues rues parallèles qui vont aboutir à l'autre extrémité du plateau et qui sont reliées entre elles par des ruelles souvent voûtées ; les maisons, hautes d'étage, datent, en général, de plusieurs siècles; ce n'est pas luxueux, mais ce n'est pas vulgaire; quelques hôtels assez remarquables : Hôtel de Russie,

Hôtel de France, Hôtel Bellevue ; ce dernier a vue, en effet, sur une ravissante promenade bien plantée, bien ombragée, qui contourne le plateau et domine la mer ; c'est, sauf erreur, la promenade Saint-Martin.

L'historien, l'archéologue peuvent se complaire à Monaco ; pour moi, je préfère à la ville proprement dite le port, dont la plage est à demi-occupée par un bel établissement de bains, le plus commode que j'aie vu sur toute la côte. Ce ne sont pas de ces cabines mobiles si exiguës qu'il faut faire péniblement traîner au-devant de la lame ; non, rien de pareil : un gracieux édifice, formé d'un corps de bâtiment et de deux longs pavillons terminés par deux autres corps de bâtiment, est construit sur la plage, à moitié sur pilotis ; dans le corps central, les bureaux de l'administration et une salle de concert, dans les pavillons, des chambres spacieuses, commodes, propres, munies de baignoires à eau douce, de lits de repos et de tout ce qui aide au bien-être ; ces chambres ouvrent sur une large galerie couverte, d'où des escaliers descendent dans la mer ; dans les corps de bâtiment extrêmes, salon de lecture, de conversation, café-restaurant. Aussi la foule est-elle grande aux Bains de Monaco.

Ce port est adossé à un splendide jardin, la Condamine, une merveille ; jamais on n'a réuni sur un même espace autant de fleurs et d'arbres odoriférants. L'autre côté du port est formé par un plateau parallèle à celui où s'étale la ville ; c'est le plateau des Spélugues, qui sera bientôt une ville nouvelle toute de luxe et de plaisirs. Le magnifique Casino, un des plus beaux qui existent, renferme, indépendamment de l'inévitable salle de conversation, de la salle de bal et du salon de lecture, des salons de jeu pour la roulette et le trente-et-quarante ; il y a toujours autour des tables de jeu de fervents adorateurs du dieu Hazard.

Ce qui m'y attire plus que les caprices de la fortune, c'est le concert quotidien qu'y donne un excellent orchestre, remarquablement conduit par l'habile chef, Eusèbe Lucas. Cet orchestre, moins nombreux que celui de Bade, n'est composé que d'artistes de premier ordre, et, si peu dilettante que l'on soit, il est impossible de rester insensible aux charmes de cette harmonie. Aussi l'empressement est toujours très-grand dans la salle de concert.

On descend du Casino à la mer par un large escalier de marbre, au pied duquel des barques coquettes sont à la disposition des promeneurs. Nous en profiterons tout à l'heure.

Auparavant, donnons un coup d'œil aux hôtels que la Société des Bains et des Jeux, dirigée par le fameux M. Blanc, le propriétaire du KURSAAL de Hombourg, a fait élever de chaque côté de l'avenue des Palmiers, qui conduit de la grande route au Casino. Appartements d'un grand confort et cuisine excellente. Comme distraction en dehors de celles que peut offrir l'établissement des Bains et le Casino, lecture, jeu, danse, musique, conversation, promenade en mer, il y a les excursions aux environs et les fêtes locales, telles que la fête patronale de sainte Dévote, 27 janvier, que la légende a faite la protectrice de Monaco, et la procession du vendredi saint, un usage catholique qui se pratique à Monaco avec toute la pompe naïve et pittoresque du moyen-âge. C'est un trait caractéristique de cette ville ; il ne faut pas négliger de l'aller examiner ; il y a toujours une foule d'excursionnistes qui s'y rendent de Nice, de Menton et de toutes les villes de la côte. La même fête se célèbre à Roquebrune, le 4 du mois d'août, et à Menton, le vendredi saint ; mais cette dernière ville, traversée par la grande route, a déjà trop perdu de son cachet personnel ; la procession, plus nombreuse que celle de Monaco, n'y a pas le même aspect archaïque.

LA TURBIE.

Une excursion à faire à pied, est celle de la Turbie. Ce petit bourg, que l'on traverse en se rendant de Nice à Menton, est presque perpendiculaire au-dessus de Monaco ; un contrefort des Alpes porte la Turbie, et, sur l'extrême lèvre de ce contrefort, qui descend brusquement, s'élève la vieille tour romaine qui, selon les étymologistes, aurait donné son nom au bourg, TURRIS IN VIA. Cette tour, encore imposante par sa masse et sa hauteur, était un trophée érigé par l'empereur Auguste, en commémoration de la soumission des peuplades liguriques.

Si dégradé que soit ce monument, si mal entouré qu'on le laisse aujourd'hui, il saisit fortement l'imagination par son aspect colossal et par les souvenirs qu'il évoque.

Pour se rendre de Monaco à la Turbie, il faut suivre un chemin taillé dans la montagne, qu'il escalade en louvoyant ; les zig-zag incessants qu'il décrit pour adoucir la pente en doublent la longueur ; mais on est bien récompensé de sa fatigue par l'infinie diversité des lieux : tantôt c'est un fourré des plus beaux arbres ; de petits ruisseaux, contenus dans des rigoles de pierre creusée, gazouillent en courant vers ces verts ombrages qu'ils alimentent ; tantôt la montagne dénudée étale sa forte membrure rocheuse aux tons multicolores ; du sommet, la vue s'étend sur un immense horizon, embrassant les côtes depuis Antibes en France et même depuis les îles d'Hyères jusqu'à Vintimille, qui s'abrite derrière un promontoire. Au large, une tache d'améthyste entre l'acier profond de la mer et la voûte éblouissante de lumière ; c'est une île bien fameuse, la patrie de notre grand ennemi : la Corse. Adossé au monument d'Auguste, on contemple le berceau du César moderne ; n'y a-t-il pas là matière à réflexion ?

Revenons à Monaco, ou plutôt aux Spélugues. Des sentiers sillonnant la montagne, franchissant des lits de torrents, traversant des jardins, nous y conduisent peu directement, il est vrai, mais tout promeneur est marcheur. De tous les ravins que l'on franchit, le plus remarquable est certainement celui qui a reçu son nom du tombeau et ensuite de la chapelle de Sainte-Dévote. Sa gorge est terrible, quand une pluie, comme il en tombe quelquefois dans les montagnes, se précipite en torrent dans le ravin ; il y a là des chûtes d'eau, des soubresauts, des détonations et des éboulements formidables ; puis, le torrent écoulé, la verdure sourit plus fraîche, plus séduisante que jamais.

Monaco, son palais, les jardins, les Spélugues, en voilà, certes, bien assez pour occuper une journée entière, et encore serait-elle bien remplie. Je vous conseillerais donc de prendre une chambre à l'hôtel de Paris, près du Casino, et de passer la soirée comme je l'ai fait.

Je m'étais nonchalamment établi sur la terrasse du Casino ; j'avais en face de moi le port, la ville, et à ma droite, se dressaient les gradins de la montagne ; les rayons argentés de la lune, éclatante dans ce ciel sans brume, accentuaient avec vigueur les plans et les reliefs ; la lumière et l'ombre se heurtaient dans une incohérence charmante ; de la promenade St-Martin à la Turbie, les rameaux des orangers et des caroubiers, mollement bercés par une douce brise, faisaient étinceler leurs feuilles luisantes, fugitifs éclairs d'argent qui émergeaient de la masse sombre des bosquets. La vieille tour romaine se détachait hautaine et noire sur la blancheur lactée du ciel ; la vue de ce colosse immobile, témoin de tant de scènes dramatiques, évoquait dans mon esprit les souvenirs de vingt siècles. C'est du sommet des Alpes maritimes et du port de Monaco que Jules César s'élança à la conquête de la dictature (1) ; les galères romaines sortirent de ce golfe paisible, chargées de légionnaires et de Gaulois. Un siècle s'écoule ; la fortune de deux Césars, et quels Césars ! Othon et Vitellius, se décide dans ces vallons (2). Le monde païen chancelle ; une croyance nouvelle régénère le monde, et par une nuit calme et étoilée comme celle-ci, une barque, suivant le vol d'une colombe, vint apporter aux peuplades ligures la foi du Christ (3). Puis ce sont des barbares au corps gigantesque, aux cheveux blonds, aux yeux glauques, des Lombards, des Francs, dont les bandes farouches inondent et dévastent ces belles contrées. Aux Francs succèdent les fils de Mahomet. Longues et rases sur l'eau, des galères rapides, se glissant

(1) Virgile, Énéide, chap. vi. — (2) Tacite, Hist., livre ii. — (3) Légende de Ste-Dévote.

en silence, viennent jeter sur le rivage des légions de noirs démons ; le cimeterre au poing, les pirates surprennent la ville, égorgent les citoyens, et le croissant de l'islam est bientôt planté sur une forteresse menaçante. Pendant un siècle, les échos retentissent des bruits de fête et des cris des victimes ; puis les cimes des Alpes se couronnent de guerriers chrétiens, et le premier des Grimaldi, vainqueur des forbans, met le pied sur ce rocher où sa race s'est maintenue.

Mais ce ne fut pas sans lutte ; Catalans et Génois vinrent les y assaillir ; et, du point où, paresseux, je rêve, des batteries génoises foudroyèrent les remparts de Lucien Grimaldi ; une armée, une flotte, commandées par un doge, épuisèrent sans succès, pendant cinq mois, leurs forces contre les durs rochers et contre des hommes intrépides. Vingt ans après, un illustre transfuge, un prince français, y réunit la flotte espagnole qu'il menait contre sa patrie ; la fortune déjoua ses projets parricides, et Bourbon rentra vaincu dans ce port.

Tous les drapeaux de l'Europe ont flotté sur ces montagnes : les Autrichiens s'y sont heurtés contre les Français ; le canon anglais a tonné sur ces côtes, et un général anglais y a paru en arbitre vainqueur (1) ; l'écho résonne encore des fanfares éclatantes des cavaliers français se précipitant au secours du Piémont.

Je vois se succéder trirèmes et chebecs arabes, turbans, hauberts, lances et canons ; j'entends gémissements, plaintes et cris de triomphe ; la montagne s'anime, la mer frémit, et dans l'air ébranlé sonnent trompettes et tambours.....

Illusion !... les accents que j'entends, c'est l'orchestre du Casino, dont les valses entraînantes et les polkas font tournoyer des groupes enlacés. Il y a bal ce soir. Monaco n'est plus une place de guerre ; les canons démontés dorment silencieux, et les bains, la roulette, les concerts magiques et un climat sans pareil y attireront encore plus de touristes que les siècles passés n'y ont vu de guerriers.

Puisque vous voilà momentanément à Monaco, pourquoi ne profiteriez-vous pas de ce court séjour pour faire une excursion jusqu'à Eza, un pic qui surgit du fond d'un énorme ravin, et dont le sommet est couronné d'un bourg, jadis repaire de pirates redoutés ? Il est difficile de voir un site plus romantique. Pourquoi n'iriez-vous pas visiter aussi

(1) Henri Métivier. Monaco et ses Princes. Tome II, page 123.

le monastère de Laghet? C'est un pèlerinage très-fréquenté par les montagnards qui croient y trouver remède à leurs maux. A ce trait, vous reconnaissez l'Italie; mais je n'ai pas la force de railler ces pauvres gens. Qu'importe, en effet, que leur croyance soit une superstition, s'ils y puisent du courage et de la résignation!

DE MONACO A MENTON, PAR MER.

Nous avons dépeint les Spélugues; embarquons-nous dans quelqu'un des bateaux de plaisance, et longeons la côte pour revenir à Menton.

LA GROTTE DE LA VIEILLE.

La première anse où nous entrons se termine par une pointe dont je ne sais pas le nom; mais, que font les noms en pareille matière? Ce qui importe, c'est de se rappeler que la base de cette pointe est creusée en grotte profonde. Le sol de la grotte, formé d'un sable fin et doux, est presque au niveau de la mer; aussi n'est-ce que par un temps calme que l'on peut aborder à la grotte. C'est un lieu charmant pour des parties de plaisir; de la grotte de la Vieille (elle se nomme ainsi), on découvre un vaste panorama : les Spélugues et leur beau Casino au milieu des arbres, le port de Monaco, la ville, le palais, l'établissement des Bains, puis les Alpes aux flancs verdoyants, LA TESTA DI CANE, semblable à la grosse tour de quelque château de Titans, la Turbie et son trophée; et cependant au pied du touriste, mollement établi dans cette grotte romantique, le flot vient se briser en petites lames régulières brodant l'entrée de la retraite avec les franges de son écume d'argent.

Ce charmant panorama, une femme jeune, belle, le contempla longtemps, au mois de septembre 1767; mais ses yeux avides restaient fixés sur la tour principale du palais, et quand le pavillon de deuil y flotta, l'habitante de la grotte disparut dans la mer. Cette femme avait été vue dans la grotte au moment où le duc d'York entrait dans le palais des Princes; elle alla cacher sous les flots sa douleur ou ses remords. Depuis ce jour, le peuple ne dit plus que la grotte de la Vieille. Pourquoi la Vieille? Cette tradition romanesque s'accommode-t-elle d'un vieux visage?

LE CAP MARTIN.

Notre barque atteint ensuite le cap Martin. Ce cap est pour Menton ce que le bois de Boulogne est pour Paris; c'est une longue pointe séparant le bassin de Monaco et celui de Menton et cachant ces deux villes l'une à l'autre.

Il porta autrefois une cité romaine, aujourd'hui évanouie; une magnifique forêt, peuplée des essences les plus belles et les plus rares, couvrit longtemps le cap Martin; mais la spéculation mit un jour la cognée dans ces arbres superbes; les allées ombreuses sont devenues des sentiers sauvages, et le monastère de St-Martin n'est plus que ruines. Cependant, tout maltraité que soit ce plateau, il ne laisse pas que d'être le but de charmantes promenades; il reste encore bien des bouquets d'arbres, bien des fourrés de térébinthes, de myrthes, de citronniers, d'oliviers; des mélèzes au noir feuillage se dressent majestueux et élèvent leurs sombres pyramides au-dessus des caroubiers tortueux et touffus.

Ce n'est plus un parc digne d'un roi; c'est un

désert de verdure où les caprices de la végétation accumulent plus de beautés pittoresques que n'en peut créer l'imagination des architectes en jardins.

Après avoir doublé ce cap, nous entrons dans la rade de Menton, et nous nous trouvons en face de la belle et pittoresque promenade des Palmiers. La promenade que nous venons de faire ne nous a pas fait sortir du territoire de la principauté, tel du moins qu'il était, il y a cinq ans.

DE MENTON A VINTIMILLE.

PONT SAINT-LOUIS.

Si vous voulez me suivre, nous allons explorer les environs de Menton dans une autre direction. Et d'abord, songez que vous êtes à un mille tout au plus de la frontière d'Italie. Un pont sur un torrent, élevé de 130 pieds anglais, d'après le panorama de M. Moggridge, est le trait d'union que la signature de l'empereur Napoléon et du roi Victor-Emmanuel a déterminé entre les deux Etats. Ce pont de Saint-Louis est à visiter, non pas que son arche unique ait rien de particulièrement curieux; mais le site est remarquable surtout par le panorama de Menton que l'on peut juger de ce point.

Une énorme montagne de rochers rouges s'élève droite et sourcilleuse du rivage, pour s'adosser à la grande chaîne ; fendue par quelque grande convulsion, elle livre passage à un torrent qui coule (quand il coule) au fond d'une gorge profonde.

VINTIMILLE.

Sur ce pont passe la route de la Corniche. Le premier point intéressant que l'on rencontre en Italie est le village des Grimaldi, situé au-dessus de la route, près de la douane italienne. De Menton à Vintimille on compte environ 8 milles. Vintimille ou Vintimiglia est une vieille ville de 7,000 âmes. Après l'avoir vue, vous aurez une idée de toutes les villes secondaires de la côte ; montueuse, sombre, elle n'a que des rues étroites, tortueuses, dont les deux côtés sont souvent reliés par des voûtes. C'est pittoresque, il est vrai, plein d'originalité ; mais ce sont des beautés appréciables, seulement pour les visiteurs. La route n'entre pas dans la ville, mais elle a des embranchements ; elle traverse un faubourg appelé le Couvent. Une rivière assez large (la Roya), qui a souvent de l'eau, et quelquefois même en a trop, ronge la base de la ville plutôt qu'elle ne l'arrose. La cité, en fait de monuments, n'offre guère à visiter que des couvents, des églises, deux forteresses d'aspect assez rébarbatif.

LA BORDIGHERA

Après avoir laissé le faubourg de Vintimille et passé la rivière (la Nervia), l'on rencontre la Bordighera, la colonie des Palmiers. On raconte que le jour solennel où le pape Sixte-Quint fit ériger à Rome l'obélisque qui orne la place Saint-Pierre, le pénible travail d'érection fut tout à coup arrêté ; les cordages, tendus outre mesure, n'imprimaient plus de force à la traction ; ils menaçaient même de se rompre. L'émotion était grande au sein de la foule innombrable ; mais un silence glacial régnait partout. Le pape avait défendu, sous peine de la vie, qu'aucun spectateur fît entendre un cri, un mot qui aurait pu troubler les travailleurs. Tout à

coup une voix crie distinctement : MOUILLEZ LES
CORDES ! L'avis était bon ; il fut suivi ; mais le conseiller fut arrêté par les sbires et amené devant
Sixte-Quint. C'était un marin de la Bordighera. Le
pape lui fit grâce : c'était assez juste ; et à la clémence il ajouta la générosité ; car le marin obtint
pour lui et les siens, à titre héréditaire, le monopole de la fourniture des palmes que le pape bénit
à Rome le jour des Rameaux, et dont chaque maison se munit, comme d'un saint talisman. Depuis
ce jour, la Bordighera est entourée d'une ceinture
de palmiers ; mais elle n'en est pas plus pittoresque
pour cela, les cultivateurs ayant l'habitude d'envelopper le bouquet des branches dans des fourreaux
disgracieux. Pourquoi ? demanderez-vous. Afin de
donner aux palmes, croissant à l'abri du soleil et
de l'air extérieur, la couleur blanche des plantes
maladives qui poussent dans les cavernes. Il paraît
qu'à Rome on apprécie tout particulièrement cette
couleur pour les palmes. Tant pis pour la Bordighera !

EXCURSION DANS LA MONTAGNE
LE CASTELLAR.

Menton est adossé à un massif de montagnes qui renferme de nombreux buts d'excursion.

L'une des plus agréables promenades que l'on puisse faire dans ces vallons ou sur ces sommets, est une course vers le Castellar.

Le Castellar est un bourg assez curieux par lui-même pour motiver l'ascension du mont; mais la route, à elle seule, attire le promeneur. Toutefois, il faut en convenir, le début n'est pas engageant; un dragon défend l'entrée de ce paradis, et ce dragon, pour n'être pas bien féroce, ne laisse pas, au premier abord, que de repousser le touriste étonné. Près de la poste aux lettres, en face de l'hôtel des QUATRE-NATIONS, s'ouvre une ruelle sombre, sale, étroite : c'est la rue de Castellar ; un peu de courage, et nous débouchons hors de ville, dans une petite plaine richement plantée d'orangers. Puis le sentier s'élève sur la colline ; juste assez de rochers pour bannir la fadeur de ce joli tableau ; des pins parasols dressent leur noir bouquet de feuilles à l'extrémité de stipes élégants, des bruyères roses tapissent le sol ; pas de précipices, beaucoup de verdures et de parfums. Après une heure et demie environ de molle promenade, on se trouve sur une plate-forme occupant le sommet de la montagne. Une agglomération de maisons construites en débris de rocs non taillés, percées de baies étroites ; des restes de fossés et des tourelles aux angles de cette masse de rudes maisons étroitement groupées : voilà le Castellar. Le nom est bien justifié ; c'est un véritable château-fort. Défendu par sa position escarpée, par ses épaisses murailles, le Castellar a été un domaine, ou plutôt une des forteresses des Lascaris, ces descendants des empereurs bysantins, devenus comtes de Vintimille.

Au siècle dernier, cette vieille place a été canonnée : c'était pendant la guerre de la succession d'Autriche. Il n'y a rien de plus émouvant que ce noir repaire féodal, si réchigné, si lugubre, au sein d'une nature ensoleillée, gaie, luxuriante. Décidément l'homme s'entend aux contrastes ; et quand le moyen-âge a planté ce coupe-gorge sinistre dans une aussi radieuse contrée, il s'est montré artiste consommé : c'est une terrible ombre à un tableau qui serait monotone, si la splendeur de la lumière pouvait jamais être qualifiée d'une telle épithète. L'Italie et l'Espagne abondent en ces brusques oppositions; la terre des belles cités d'Italie, de Milan, de Venise, de Florence, de Sienne, est riche aussi en nids revêches. Que de Castellars on pourrait trouver dans les Apennins et dans les Abruzzes !

Des monuments du Castellar, je ne vous dirai rien : l'église est insignifiante; on m'a signalé une vieille masure comme ayant été la demeure des Lascaris : bien modeste logis pour un si grand nom. Ce qui en relève un peu l'humilité, ce sont les fresques, assez bien conservées, dont un maître italien de mérite, Carlone, a décoré les appartements. Ce Carlone nous est déjà connu; nous avons vu de ses œuvres dans le palais de Monaco.

Mais l'attrait principal de Castellar est le merveilleux panorama que l'on peut contempler du haut de la terrasse qui s'étend devant le village. Les habitants récréent sans doute leur triste isolement par une fréquente contemplation de ce spectacle, car voici un banc circulaire, ombragé d'un ormeau, dont la pierre a été rendue luisante par l'usage.

Vous ai-je fait visiter tout ce que les environs de Menton renferment en sites remarquables? Non, certes; mais je ne me suis pas proposé de vous photographier ce ravissant pays. Si variée que puisse être une description, si riches que soient l'imagination du peintre et sa palette, ne pensez-vous pas comme moi que les tableaux de paysage ne tardent pas à fatiguer? Une galerie qui ne contiendrait que des toiles de ce genre, chacune fût-elle un chef-d'œuvre, rebuterait bientôt le visiteur. C'est que le tableau n'est qu'une image du vrai : ce n'est pas le vrai lui-même; il y manque ce je ne sais quoi, cette vie latente qui anime les arbres, les pierres mêmes et le ciel. De cette vie universelle, émanation du même créateur, procède l'immense harmonie de la nature. Sans être un mélancolique, sans me complaire éternellement, avec Thomson, à écouter la plainte du ruisseau ou le rugissement du torrent, j'aime à reconnaître dans la contemplation des beautés naturelles l'infaillible sagesse d'un Dieu partout présent.

« Such is the world's great harmony, that springs,
From order, union, full consent of things;

> Where small and great, where weak and mighty, made
> To serve, not suffer; strengthen, not invade;
> More powerful each as needful to the rest,
> And in proportion as it blesses, blest;
> Draw to one point, and to one centre bring
> Beast, man, or angel, servant lord or king.
> Pope's Essay on man.

Je me borne donc là; ce que je vous ai dit de Menton et de ses promenades vous séduira-t-il assez pour vous appeler auprès de moi? Plaise à Dieu! Venez donc me rejoindre dans ma villa; nous parcourrons ensemble ces belles montagnes; et si votre esprit méthodique reproche à ma lettre de ne pouvoir remplacer un guide; si vous voulez un petit livre qui vous prenne par la main, compte les milles et règle vos journées, vous trouverez ici de ces ouvrages complaisants. Mon but, c'est de vous faire aimer de loin la contrée qui m'a rendu la santé et le repos, et de vous y amener pour que vous l'aimiez bien davantage encore.

Au-dessus du village, plusieurs monts dressent leur tête altière : c'est le mont FONTENELLE, où l'on voit les restes du Castellar-Vieil, autrefois un fraxinet de pirates arabes; c'est, plus haut encore, le GRAND-MONT, de 1,300 mètres; c'est le MULACÉ, aussi élevé; le BRESS ou le BERCEAU. Du faîte de ces monts, le regard s'étend sur la chaîne des Alpes maritimes qui se pressent, s'échelonnent et s'allongent du Nord-Ouest au Sud-Est, comme les vagues monstrueuses d'une mer que quelque prodige aurait immobilisée pendant une tempête horrible. Une excursion au Berceau, sinon même au Grand-Mont, entre nécessairement dans le programme du touriste ; il faut environ une heure de marche pour atteindre ce sommet.

FIN.

ERRATUM

Le dernier paragraphe commençant par ces mots : « Au-dessus du village » doit être placé à la suite de la page 72.

TABLE

	Pages.
Avant-propos.	5
A. M. Th. W. F. Esq.	13
Menton. Bassin de Menton.	14
Le Port.	16
La Population.	17
La Ville.	18
Histoire.	21
Edifices.	26
Les environs.	29
Excursions.	30
Vallon de Carei.	32
Vallon de Boirigo.	40

	Pages.
Carnolès	44
La Corniche	45
Roquebrune	47
Les Moulins	49
Monaco	49
La Turbie	57
De Monaco à Menton, par mer	63
La Grotte de la Vieille	63
Le Cap Martin	65
De Menton à Vintimille. Pont Saint-Louis	66
Vintimille	67
La Bordighera	68
Excursion dans la Montagne. Le Castellar	70

GIORDAN'S LIBRARY
Michel street, 4
MENTONE

Librairie ; Cabinet de lecture ; Agence pour les étrangers ; Entreprise générale de publicité, Distribution d'Imprimés.

ABONNEMENT A TOUS LES JOURNAUX

LOCATIONS DE VILLAS ET APPARTEMENTS

Recouvrements ; Affaires civiles ; Liste des étrangers ; Guide des villas ; Vente de meubles et immeubles ; Dépositaire de Bibles et Testaments en toutes les langues ; Livres allemands, anglais, français, italiens ; Est commissionnaire pour tous les articles de Paris et de tous les produits du pays ; Correspondant et représentant des principales librairies de Paris, de Russie, d'Angleterre, d'Allemagne et divers autres pays. Collection de photographies de Menton et de ses environs. Guides pour la France, l'Italie et

RENSEIGNEMENTS AUX ÉTRANGERS
FOURNIS GRATUITEMENT

Écrire franco, envoyer des timbres-poste pour avoir la réponse.